Renate Sültz und Uwe H. Sültz

Mein

Liebestagebuch

Meine große Liebe

BoD - Books on Demand

Norderstedt 2016

Bibliografische Information durch die Deutsche Nationalbibliothek

Die Deutsche Nationalbibliothek verzeichnet diese Publikation in der Deutschen Nationalbibliografie; detaillierte bibliografische Daten sind im Internet über http://dnb.dnb.de abrufbar.

© 2016 Renate Sültz & Uwe H. Sültz

Herstellung und Verlag:

BoD – Books on Demand, Norderstedt

ISBN 9-78374-1-27729-0

Liebe

Zarte Bande sind gesponnen.

Verständnisvolle Worte gesagt.

Erkenntnisse hat man gewonnen.

Den Blick nach vorne gewagt.

Eine Rose sagt mir so viel.

Du hältst fest meine Hände.

Führst mich langsam hin zum Ziel.

Bald hat das Warten ein Ende.

Ich liebe Dich

Mein Tag mit Dir:

Ich liebe Dich

Mein Tag mit Dir:

Ich liebe Dich

Mein Tag mit Dir:

Ich liebe Dich

Mein Tag mit Dir:

Ich liebe Dich

Mein Tag mit Dir:

Ich liebe Dich

Mein Tag mit Dir:

Ich liebe Dich

Mein Tag mit Dir:

Deine Seele

Ich liebe Dich, du bist so weise.

Denkst nie an Dich, bist immer da.

Bist da für mich, so sanft und leise.

So bist Du, wie wahr.

Über Dich kann ich nur Gutes sagen.

An Schlechtes hast Du nie gedacht.

Die guten Dinge überragen.

Richtig hast Du alles gemacht.

Was auch geschieht, du hast Zeit.

Gott entscheidet ganz allein.

Der Weg zum Frieden ist nicht weit.

Du wirst nie einsam sein.

Mein Tag mit Dir: *Ich liebe Dich*

Ich liebe Dich

Mein Tag mit Dir:

Ich liebe Dich

Mein Tag mit Dir:

Ich liebe Dich

Mein Tag mit Dir:

Mein Tag mit Dir: *Ich liebe Dich*

Ich liebe Dich

Mein Tag mit Dir:

Ich liebe Dich

Mein Tag mit Dir:

Ich liebe Dich

Mein Tag mit Dir:

Ich liebe Dich

Mein Tag mit Dir:

Ich liebe Dich

Mein Tag mit Dir:

Mein Tag mit Dir: *Ich liebe Dich*

Ich liebe Dich

Mein Tag mit Dir:

Ich liebe Dich

Mein Tag mit Dir:

Die Praline

Süß und lecker fliegen sie an,

die Pralinen alle.

Nougat, Nüsse und Marzipan,

gleich gehen sie in die Falle.

Gierig geht mein Mund auf.

Bald sind sie alle weg.

Kommt schnell, ich warte drauf.

Ich mir schon die Lippen leck.

Drum hat mir heut mein lieber Mann.

Pralinen mitgebracht.

Ein wenig naschen ich doch kann.

Ich dank es ihm heut' Nacht.

Mein Tag mit Dir:

Ich liebe Dich

Ich liebe Dich

Mein Tag mit Dir:

Ich liebe Dich

Mein Tag mit Dir:

Ich liebe Dich

Mein Tag mit Dir:

Ich liebe Dich

Mein Tag mit Dir:

Ich liebe Dich

Mein Tag mit Dir:

Mein Tag mit Dir:

Ich liebe Dich

Ich liebe Dich

Mein Tag mit Dir:

Ich liebe Dich

Mein Tag mit Dir:

Ich liebe Dich

Mein Tag mit Dir:

Mein Tag mit Dir:

Ich liebe Dich

Ich liebe Dich

Mein Tag mit Dir:

Mein Tag mit Dir:

Ich liebe Dich

Ich liebe Dich

Mein Tag mit Dir:

Ich liebe Dich

Mein Tag mit Dir:

Ich liebe Dich

Mein Tag mit Dir:

Mein Tag mit Dir:

Ich liebe Dich

Ich liebe Dich

Mein Tag mit Dir:

Ich liebe Dich

Mein Tag mit Dir:

Ich liebe Dich

Mein Tag mit Dir:

Mein Tag mit Dir: *Ich liebe Dich*

Ich liebe Dich

Mein Tag mit Dir:

Ich liebe Dich

Mein Tag mit Dir:

Ich liebe Dich

Mein Tag mit Dir:

Mein Tag mit Dir:

Ich liebe Dich

Ich liebe Dich

Mein Tag mit Dir:

Liebe

Liebe ist nicht nur ein Wort.

Leidenschaft und Vertrauen.

Ich liebe Dich, ich sag' es laut.

Auf meine Gefühle kannst Du bauen.

Wo Du bist, da bin auch ich.

Meine Seele ist stets bei Dir.

Ich lasse Dich niemals im Stich.

Lebenslang gibt es ein WIR.

Gut, dass ich Dich gefunden.

Hab' Dich lange nicht geseh'n.

Hürden haben wir überwunden.

Ich werde nie mehr von Dir geh'n.

Ich liebe Dich

Mein Tag mit Dir:

Ich liebe Dich

Mein Tag mit Dir:

Ich liebe Dich

Mein Tag mit Dir:

Ich liebe Dich

Mein Tag mit Dir:

Ich liebe Dich

Mein Tag mit Dir:

Ich liebe Dich

Mein Tag mit Dir:

Ich liebe Dich

Mein Tag mit Dir:

Ich liebe Dich

Mein Tag mit Dir:

Ich liebe Dich

Mein Tag mit Dir:

Ich liebe Dich

Mein Tag mit Dir:

Ich liebe Dich

Mein Tag mit Dir:

Mein Tag mit Dir: *Ich liebe Dich*

Ich liebe Dich

Mein Tag mit Dir:

Ich liebe Dich

Mein Tag mit Dir:

Ich liebe Dich

Mein Tag mit Dir:

Mein Tag mit Dir:

Ich liebe Dich

Ich liebe Dich

Mein Tag mit Dir:

Ich liebe Dich

Mein Tag mit Dir:

Ich liebe Dich

Mein Tag mit Dir:

Mein Tag mit Dir: *Ich liebe Dich*

Ich liebe Dich

Mein Tag mit Dir:

Ich liebe Dich

Mein Tag mit Dir:

Ich liebe Dich

Mein Tag mit Dir:

Ich liebe Dich

Mein Tag mit Dir:

Ich liebe Dich

Mein Tag mit Dir:

Mein Tag mit Dir: *Ich liebe Dich*

Ich liebe Dich

Mein Tag mit Dir:

Mein Tag mit Dir: *Ich liebe Dich*

Mein Tag mit Dir:

Ich liebe Dich

Liebe

Tief und innig liebe ich Dich.

Ich teile mein Leben mit Dir.

Deine Gefühle sind nur für mich.

Nun gehst Du den Weg mit mir.

Liebe sind nicht nur Worte.

Es ist die Seele und der Geist.

Glücklich sein an jedem Orte.

Ich begehre Dich, dass Du's nur weist.

Alles gemeinsam machen.

Umarmen und zärtlich sein.

Freude geben und viel lachen.

Durch's Leben gehen, nicht allein.

Ohne Dich wird nichts mehr gehen.

Alles würde trist und leer.

Nichts könnte ich mehr verstehen.

Ich liebe Dich immer mehr.

Ich liebe Dich

Mein Tag mit Dir:

Ich liebe Dich

Mein Tag mit Dir:

Ich liebe Dich

Mein Tag mit Dir:

Ich liebe Dich

Mein Tag mit Dir:

Ich liebe Dich

Mein Tag mit Dir:

Ich liebe Dich

Mein Tag mit Dir: